SOUVENIRS

ET

IMPRESSIONS

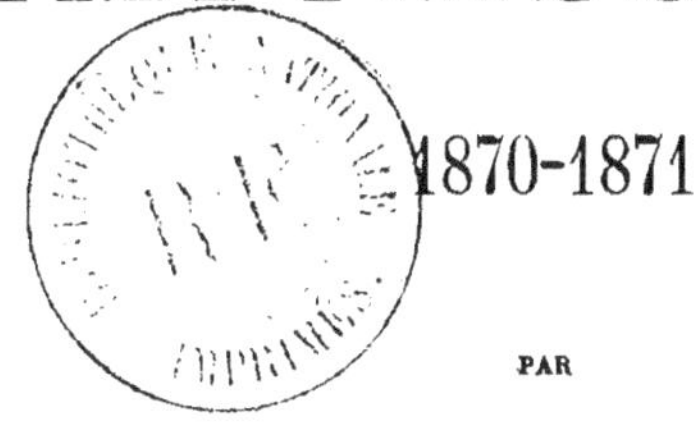

1870-1871

PAR

LE Dr ARSÈNE VAUTHIER

MEMBRE RÉSIDANT DE LA SOCIÉTÉ ACADÉMIQUE DE L'AUBE

TROYES

IMPRIMERIE ET LITHOGRAPHIE DUFOUR-BOUQUOT

Rue Notre-Dame, 43 et 41

1873

SOUVENIRS ET IMPRESSIONS

1870-1871

Sunt lacrymæ rerum.

J'entreprends d'esquisser à grands traits l'histoire des douloureux moments qu'a eu à passer la ville de Troyes pendant l'invasion et l'occupation étrangères, en 1870 et 1871. Je n'ai pas la prétention de raconter tout ce que j'ai vu. D'ailleurs, une Commission spéciale nommée par la Société Académique, a pour mission de colliger les éléments d'un travail complet. Je ne puis faire son œuvre; mon projet se borne à exposer quelques impressions personnelles, et à établir la situation de la ville, principalement au point de vue médical pendant cette triste période. Ainsi limitée, cette étude offre encore un champ assez étendu. J'insisterai donc surtout sur les faits relatifs à l'état de la santé publique, notamment sur les décès considérés en ville, à l'Hôpital et dans les ambulances, et sur leurs causes. J'avais disposé une série de tableaux indiquant le chiffre des décès en 1869-1870 et 1871 et leurs causes. Pour que ce travail eût de l'intérêt, il faudrait l'étendre en prenant quelques années avant et après 1870. Je me propose de le faire ultérieurement. Aujourd'hui, je me bornerai à indiquer les faits.

Troyes, le 21 juin 1872.

I

L'année 1870 avait commencé, à Troyes, pour ce qui regarde le point de vue médical, sous de malheureux auspices. Dans un rapport que j'adressai au Conseil d'Hygiène, dans le courant de mars, j'avais constaté une vingtaine de décès de varioleux en ville et à l'Hôpital, ce qui suppose au moins de 60 à 80 malades très-gravement atteints (je ne parle pas des cas très-légers ni des varioloïdes). Depuis le mois de mars, l'épidémie s'était un instant apaisée, et pendant qu'à Paris on comptait en moyenne plus de deux cents décès varioliques par chaque période hebdomadaire, à Troyes l'on ne relevait, — en mars que 7 décès, — en avril 6, — en mai 12, — en juin 5. Cependant l'épidémie n'avait point cessé, puisqu'en juillet on trouve encore 5 décès. Nous verrons plus loin qu'à partir de ce mois jusqu'à la fin de l'année, elle prend des proportions plus considérables. Comme il arrive à un certain moment des grandes épidémies, le nombre des autres malades diminue notablement. Un grand nombre de personnes quittèrent la ville, soit volontairement, soit qu'elles fussent appelées sous les drapeaux, et c'est au milieu de ce calme relatif qu'éclatèrent tout à coup comme un coup de tonnerre ces effrayantes nouvelles annonçant que, malgré l'héroïsme de ses soldats, la France était perdue, envahie ! Je n'essaierai pas de vous retracer avec quelle anxiété, depuis le désastre de Wissembourg, on attendait ces dimanches, dont chacun en ce temps funeste ne manquait pas de nous apporter, par le télégraphe, les plus pénibles surprises. Qui pourrait peindre l'agitation des esprits à la lecture de la dépêche annonçant la défaite de Mac-Mahon, et l'indignation générale lorsqu'on apprit qu'un chef d'armée, qui s'appelait Napoléon, avait livré, à Sedan, 40,000 hommes et 400 pièces de canon ! Et encore, cette dépêche était un mensonge officiel, puisque c'était 83,000 hommes et non 40,000 qu'une fatale capitulation envoyait prisonniers au fond de la Prusse ! Cette honte ne devait pas être la dernière. La reddition, à la fin d'octobre, de la première place forte de France, de Metz l'inviolable, devint la cause directe de l'invasion de l'Aube. Les trois mois de juillet, août et septembre furent remarquables par la diminution du nombre des malades. Ainsi on trouve, pour le mois de juillet, 4 décès de pneumonie, — 5 de variole, — 4 de fièvre typhoïde, — 11 de phthisie pulmonaire. En août, nous trouvons 2 décès de pneumonie, — 19 de variole, — 3 de fièvre typhoïde, — 15 de phthisie pulmonaire. La phthisie seule atteint un chiffre relativement élevé ; mais, en temps ordinaire, cette maladie est à Troyes l'une des principales sources de décès ; la variole se maintient ; les autres maladies sont rares et peu graves. J'ai noté plus haut que la population avait sensiblement diminué par le départ de la garnison, des gendarmes, des soldats en congé, des mobiles et des mobilisés, et aussi par la fuite de beaucoup de personnes affolées par la peur, qui allèrent demander, au prix de mille embarras, à la Touraine, à la Normandie, à la Bretagne, une sécurité que la plupart n'y trouvèrent point. Il en est qui passèrent la Manche ou les frontières suisses, italiennes ou espagnoles, laissant à leurs concitoyens le soin de supporter les charges de la guerre dont elles trouvaient bon de s'affranchir. Ce fut bien le reste quand un vendredi du mois d'août, le 26, on annonça que les Prussiens étaient à Payns, à 3 lieues de la ville. De tous les points du département situés au-delà de la rive droite de la Seine, accoururent à Troyes une foule de fugitifs emportant leurs objets les plus précieux. De longues files de voitures encombraient jour et nuit nos rues et nos faubourgs, fuyant les Prussiens que peu de temps après, beaucoup dans nos campagnes devaient proclamer moins terribles. Dans quelques villages, on se réfugia pendant deux ou trois jours dans les bois; on se rappelait 1814. Vous avez tous été témoins de ces faits que je ne veux que mentionner. Pendant ce temps-là, l'autorité préfectorale recommandait le dépaisselage des vignes, et l'un de ses moyens d'organiser la résistance était d'annoncer aux paysans qu'on les indemniserait des pertes qu'ils pourraient faire, et de les prier d'en prendre soigneusement note! Mais on ne coupait ni l'on ne labourait les routes, et cédant à la menace, on ne faisait pas exécuter l'ordre de supprimer les ponts de l'Aube, sacrifice qui, en retardant la marche des Prussiens, eut pu sauver la France peut-être; en tout cas, il était dicté impérieusement par le devoir, et le premier Napoléon l'avait formellement recommandé. En revanche, on préparait à Troyes, à grands frais, des ouvrages de défense inutiles, puisqu'ils ne pouvaient être gardés, et l'on nous exposait, avec ces amusettes, à la risée de l'ennemi!

Pendant les trois mois dont je parle, le temps étant demeuré beau et sec, les affections catarrhales furent rares, et si la variole continua à sévir, ce n'est que plus tard qu'elle prit, ainsi que la fièvre typhoïde, la gravité que je constate plus loin. Cette remarque est applicable à l'ambulance de l'Hôtel-Dieu qui, de juillet à la fin de septembre, présente surtout de nombreux cas de fatigue, d'anémie et de nostalgie, mais peu de fièvres graves. Sur 830 soldats reçus de juillet au commencement de novembre, on compte 400 cas au moins de fatigue et d'anémie.

II

Un peu avant la fin d'octobre, Metz continuant à résister, les Prussiens n'arrivaient pas, et plus d'un citoyen se délectait à la pensée que peut-être le département et la ville n'auraient point à subir l'invasion. On racontait que des officiers prussiens avaient dit : Nous n'irons pas dans l'Aube, il y a trop de bois et de rivières dans ce département. D'autre part, des gens fort honnêtes, mais quelque peu naïfs, disaient : saint Loup mange les Prussiens ; ceux-ci sont déjà partout dans l'Est, mais ils ne viennent pas à Troyes. Hélas ! saint Remy n'avait pas préservé Reims davantage. Tout à coup l'on apprit avec stupeur que Metz avait succombé ; la consternation fut générale, l'invasion parut imminente. Pour résister, pas d'armes, pas de munitions, pas de canons. Je me souviens qu'à la fin de l'Empire, lors de l'arrivée des Prussiens à Payns, une foule nombreuse demandait le soir au préfet d'alors des armes et des cartouches, — que préfet et maire en promettaient en vain, — puisqu'il n'y en avait pas. Le faible détachement de gardes nationaux, qui s'était dirigé vers Payns, avait trois cartouches par homme ! A la fin d'octobre, c'était moins misérable, quoique encore très-insuffisant. Les mobiles parcouraient nos rues assez bien équipés, et quoique leur inexpérience fût inquiétante, leur tenue commençait à laisser concevoir quelque espérance. Les barricades s'élevaient rapidement : quelques-unes, d'une importance apparente, comme au faubourg Saint-Martin, au Pont-Hubert, au pont de Saint-Parres ; d'autres, véritables jouets, comme à l'entrée du canal, au mail de Saint-Jacques, au bout du bassin du Préau ; — le tout, en face du canon prussien, absurde et ridicule !

A ce moment déjà, la variole et la fièvre typhoïde prenaient une véritable intensité. Elles sévissaient en ville et à l'hôpital sur les malheureux mobiles, de la manière la plus violente. Ainsi, en consultant les tableaux, on voit que le mois d'octobre fournit à lui seul 21 décès de varioleux et 42 de fièvre typhoïde, plus 41 décès par caducité et débilité infantile. Ceci suppose un nombre considérable de malades, et en effet, dès le milieu d'octobre, le corps mé-

dical peut à peine suffire au labeur. Beaucoup de malades
furent pour ainsi dire foudroyés, tant, soit dans la variole,
soit dans la fièvre typhoïde, la marche de la maladie était
rapide et sa terminaison prompte. Chez les mobiles, s'ajou-
taient comme aggravation, la nostalgie et le découragement
profond qui se remarquent chez les soldats d'une armée en
déroute. Chez presque tous les varioleux, l'éruption deve-
nait très-promptement aplatie, noire, et de ces cadavres vi-
vants, hideux à voir, s'exhalait une odeur des plus fétides.
La plupart avaient la conscience de leur état, et ne se fai-
saient aucune illusion sur leur sort. Devant ces malades,
une médecine dévouée mais désespérément impuissante!
La fièvre typhoïde, et les fièvres de la famille de cette
pyrexie, se montraient en nombre menaçant. Ce sera bien
pis en novembre et en décembre! Tout le monde, adminis-
trateurs, médecins, religieuses, particuliers, rivalisait d'ar-
deur pour porter secours aux pauvres malades. Des ambulances étaient organisées sous la direction de MM. Perthier-
Roblot, Boutiot, Jacquin, Saussier, etc., des administra-
teurs des hospices, et de plusieurs autres citoyens. De toutes
celles qu'on avait projetées, cinq seulement purent être
établies et pourvues du matériel indispensable. Fatalité! à
part deux, celles de l'Hôtel-Dieu et du Cloître-Saint-
Etienne, elles servirent aux Prussiens! Nous verrons, dans
le paragraphe suivant, ce qui concerne leur histoire.

Pendant les mois de septembre et d'octobre, les souffrances
résultant de la privation du travail et de ses bénéfices furent
adoucies par la sollicitude de l'administration municipale,
du Conseil municipal, et de beaucoup de citoyens charita-
bles. Les vivres alors étaient abondants et d'un bon mar-
ché exceptionnel. Les paysans donnaient à bas prix leur vo-
laille, leurs œufs, leur beurre, etc., pour éviter le risque de
se les voir enlever par l'ennemi.

Dès les premiers jours de novembre, la ville était dans
une pénible attente.

★

III

Je ne veux point décrire au long l'entrée des Prussiens à Troyes. Ce fait douloureux est trop présent à toutes les mémoires. Je me bornerai à rappeler que c'est le 8 novembre, vers deux heures après midi, qu'un détachement de uhlans, lancé au grand trot, arriva à l'Hôtel-de-Ville après avoir préalablement blessé sur la place Saint-Remy, un vieillard inoffensif. A l'Hôtel-de-Ville, un coup de feu tiré par le poste atteignit légèrement un Prussien à la tête et brisa sa lance. L'égratignure et les morceaux de la lance furent payés cher ! cela ne coûta que 10,000 francs, sous menace, dans le cas de non-paiement immédiat, *de la corde* pour l'honorable M. Parigot, maire, et pour les membres de la Commission municipale qui s'étaient portés au-devant de l'ennemi au faubourg Saint-Jacques. Nos magistrats montrèrent, devant une attitude brutale, un courage et une intrépidité dont la ville leur conservera toujours un souvenir reconnaissant.

Ce n'était que le prélude de l'invasion. Je me souviendrai toute ma vie de l'aspect morne et lugubre de la ville de Troyes dans la nuit du 8 au 9 novembre : l'Hôtel-de-Ville, la Gendarmerie, la Préfecture, sans postes, sans lumières ; les rues silencieuses et tristes, éclairées par la pâle lueur d'une lune voilée de nuages. Je rentrai en proie aux plus amères pensées. Peu dormirent cette nuit-là. Cependant les Teutons s'avançaient par les routes de Brienne et de Vendeuvre, comme un nuage de sauterelles, dévorant tout sur leur passage, et le 9 novembre, à sept heures du matin, je pus voir la Préfecture envahie, et les ponts du canal, les angles des rues et des places gardés par les hussards de la mort aux funèbres banderolles noires et blanches. Puis ce fut un flot, un déluge. Dans le quartier-bas, —

dans l'île, — comme ils disaient, chaque maison eut à recevoir 8, 10, 12, 20 hommes, et quelques-unes, en plus, des chevaux. Quand une écurie était occupée par les chevaux du propriétaire, on mettait tout simplement ceux-ci dehors. Combien de pauvres ménages durent livrer leur insuffisante demeure, et coucher, pour ainsi dire, pêle-mêle avec ces barbares disciplinés ! Et pourtant, pas plus ce jour que les jours suivants, les fenêtres ne se fermèrent sur leur passage, et la foule ne diminua devant leur défilé ! Y avait-il donc dans notre population de la sympathie pour les envahisseurs ? Non certainement ; mais on peut regretter une curiosité inopportune.

A dater des premiers jours de novembre et surtout depuis le moment de l'invasion, les épidémies typhique et variolique redoublent d'intensité. C'est presque par centaines que les médecins comptent les malades qu'ils ont à soigner chaque jour. Pour plusieurs même (les médecins de l'Hôpital et des ambulances), ce nombre est dépassé. Deux de nos confrères sont pris de la maladie à laquelle ils finissent par échapper, avec le regret de n'avoir pu prendre qu'une part tardive aux peines du corps médical. Pendant ce temps-là, un médecin instruit et un excellent homme, le docteur Crépinel, s'acheminait lentement vers la tombe et ne pouvait nous prêter aucun concours. Il succomba le 7 décembre. Partout, dans les établissements publics, notamment au Grand-Séminaire et à l'Ecole normale, l'épidémie sévit cruellement. La fièvre typhoïde fait au Grand-Séminaire 13 victimes (personnel 70), et à l'Ecole normale 4 (personnel 38). Il faut dire qu'aucun malade n'a succombé dans ces établissements. Au début de la maladie, j'avais recommandé de les envoyer dans leur famille. C'est là qu'ils sont morts. — A l'Hôpital, toutes les salles sont pleines. Souvent le matin, à la visite, deux ou trois mobiles manquent à l'appel. Un jour les lits ne suffisent plus. Il faut mettre des matelas, des paillasses sur les dalles et sur le parquet. On est obligé de coucher deux ou trois soldats dans le même lit. Pour se rendre à leur service, les médecins passent dans une cour remplie de casques prussiens et de fusils à aiguille en faisceaux. La salle d'attente pour les consultants externes est envahie ; les malades attendent dans la cour... Ah ! je voudrais perdre la mémoire, mais ce triste tableau s'est gravé d'une manière ineffaçable dans mes souvenirs.

C'est ici le lieu de parler des ambulances établies en prévision de l'envoi de blessés français. Elles devaient être en assez grand nombre. Plusieurs citoyens même avaient offert de recevoir chez eux, deux, trois, quatre blessés et plus. Aucun engagement n'ayant eu lieu dans le département (excepté à Nogent-sur-Seine qui résista bravement), et les communications étant devenues, de difficiles qu'elles étaient, tout-à-fait impossibles, trois ambulances seulement furent installées : une chez M. Quinquarlet, à la Croix-des-Fourches ; — une autre chez M. Berthier-Rublot, à la Trinité-Saint-Jacques ; — enfin une troisième chez Mme Deheurle, rue Saint-Jacques. Le nombre des lits fixé primitivement à 70 pour la Croix-des-Fourches, — à 60 pour la Trinité-Saint-Jacques, — et à 30 pour la rue Saint-Jacques, fut définitivement de 64, 54 et 26. Si les besoins l'eussent exigé, les mesures étaient prises pour en disposer un plus grand nombre. (C'est de notre honorable collègue M. Boutiot que je tiens ces renseignements.) Une première fois, cinq à six blessés français furent reçus, à la fin de septembre, à l'ambulance de la rue Saint Jacques. C'est le 11 novembre seulement, à six heures du soir, que l'ambulance de la Trinité-Saint-Jacques dont j'étais chargé (M. le docteur Guichard étant à celle de la Croix-des-Fourches, et M. le docteur Bacquias à celle de la rue Saint-Jacques), reçut des malades et des blessés prussiens qui furent visités le premier jour par trois médecins de l'armée allemande. Depuis ce moment jusqu'à la fin de novembre, les médecins

civils français désignés firent le service de ces ambulances,
qui ne reçurent guère que des gens fatigués. Quelques-uns
cependant furent pris de fièvre typhoïde et évacués sur la
cas rue de l'Oratoire, servie complètement par l'adminis'ra-
tion prussienne. Le nombre des malades qui passèrent dans
les trois ambulances jusqu'à leur évacuation, fut de 182 ;
— sortis, 177 ; — décédés, 5. — Il faut ajouter que
38 malades y furent reçus postérieurement à l'installation.
L'ambulance de la Trinité-Saint-Jacques ne compta aucun
décès. A la fin de décembre et au commencement de janvier 1871, tous les malades furent évacués sur l'Oratoire,
où l'on compta de 1,000 à 1,200 Prussiens. Si l'on s'en
rapporte au témoignage des habitants des rues de Croncels
et du Dauphin, les convois funèbres sortant du *Lazareth*
furent nombreux. Nos ennemis, qui semblaient faire peu de
cas des médecins français, avaient encore moins de succès
que ceux-ci.

Les ressources des ambulances s'élevèrent à environ
16,000 fr. (compte rond); les dépenses à près de 13,000
fr. Mais, comme à la fin on put revendre le matériel, il y
eut un excédant de près de 5,000 fr. de recettes sur les dépenses.

N'ayant que des renseignements insuffisants sur les malades des ambulances de la Croix-des-Fourches et de la rue
Saint-Jacques, je ne puis parler que de ceux de la Trinité-
Saint-Jacques, dont j'étais chargé. En moyenne, pendant
trois semaines, il y eut 38 à 40 malades présents chaque
jour, la plupart fatigués, d'autres ayant des écorchures, des
entorses, des arthrites, des orchites, etc. J'ai vu quelques
phthisiques. Absence complète de maladie des yeux, et
pourtant ces gens-là fument immodérément. Il est vrai
qu'on rencontrait dans les rues plusieurs Allemands portant des lunettes.

La grande majorité avait un fort bon appétit. Quand on
les interrogeait sur ce point, le mot de leur langue qui ex-

prime l'affirmation était prononcé nettement et sans hésitation. En général, ils étaient dociles et polis pour tous ceux que leurs fonctions appelaient près d'eux. C'étaient pour la plupart des hommes de forte et solide constitution. Je n'ai vu que deux ou trois exceptions.

Il faut espérer que notre pays ne reverra pas ces hôtes incommodes et dévastateurs, et qu'on n'aura plus à disposer des ambulances pour leurs malades. Mais on peut faire remarquer, en passant, que, dans le cas où une violente épidémie viendrait à éclater à Troyes, l'installation faite pendant la dernière guerre pourrait être reprise, et qu'il y aurait avantage à évacuer dans des établissements *extramuros*, les personnes atteintes de l'intérieur de la ville, au lieu de les entasser à l'Hôtel-Dieu comme cela avait été fait lors du choléra de 1832. On arriverait par-là à procurer plus facilement aux malades les soins nécessaires, et à éviter le danger d'un foyer central. Cette idée ne devra point être perdue.

A l'Hôtel-Dieu, où se trouvaient les mobiles, c'était terrible, désespérant. Pendant ce temps-là, en ville, les portes se tendaient de noir. Le nombre des décès était si grand que les cloches avaient dû cesser de lancer dans les airs leur glas funèbre. Plus d'un Prussien, envoyé dans une maison avec un billet de logement, recula devant un cercueil ! Typhus, typhus, variole, voilà ce qu'on voyait écrit sur un grand nombre de maisons... et les lourds canons ébranlaient le pavé, et les fourgons s'étendaient en files interminables jour et nuit. Puis c'étaient les équipages, les ponts, les voitures d'ambulances, que sais-je ! Dans ces voitures d'ambulances remisées près l'église Saint-Nicolas, et portant la croix de Genève, on vit des piles de boulets ! Les dimanches arrivaient toujours sinistres, apportant quelque lamentable nouvelle. — Le succès de Coulmiers fut un éclair dans cette nuit, un rayon d'espoir bientôt éteint.

A ce moment, les décès montaient quelquefois à 20 par

jour. Le mois de novembre compta 28 décès de variole et 159 de fièvre typhoïde. Le chiffre baissa pour les phthisiques : on n'en nota que 7 ; il n'en restait plus guère, presque tout avait été enlevé.

Décembre survint avec le froid vif et la neige, au bruit du canon du siége de Paris, que l'on entendit si distinctement aux alentours de la ville, devant le théâtre et jusque sur le trottoir de l'Hôtel-Dieu. Pendant que nos soldats mouraient de faim et de froid, nous voyions passer dans la neige, officiers et soldats prussiens bien bottés, — εὔκνημιδες, — couverts de longs et chauds manteaux, — *pingues et nitidi*. Ils se gorgeaient de vins et de viandes et allumaient des feux d'enfer dans nos foyers. Malheur à celui qui, par mégarde, coudoyait un officier dans la rue ! Un coup de cravache, un coup de sabre sur l'oreille comme il est arrivé à un officier de mobiles, M. Forestier, ou sur la main comme à un autre ; — des coups de crosse ou une balle dans la poitrine ou dans les reins, comme à M. Couard, brasseur, — suivaient bien vite. Un malheureux, soupçonné d'avoir volé du charbon à la gare, fut fusillé rue du Temple, parce qu'il menaçait de résister. Il est bien entendu que ces assassinats furent impunis. — Les Prussiens laissèrent mourir de faim des troupeaux de moutons qu'ils avaient enlevés aux paysans sur leur passage. Pas d'attentats contre les femmes cependant ; il faut rendre cette justice à nos ennemis. Ce n'est pas qu'ils soient en droit, du fond de leur Allemagne, de vanter l'austérité de leurs mœurs. Jamais la prostitution ne fut plus étendue ni plus florissante à Troyes que pendant ces temps de malheur ; jamais les exigences d'un ennemi ne furent plus rigoureuses et plus ridicules relativement au service de la police des mœurs. Je ne veux pas m'appesantir sur ce point scabreux. Un grand nombre, d'ailleurs, ont été punis et ont remporté dans leur famille un vivant et dangereux souvenir... Il me suffira d'ajouter que, la paix faite, l'honorable M. Emanuel Buxtorf, remplissant les fonctions de maire, fut conduit en Allemagne, en punition d'une courageuse résistance à des exigences déraisonnables.

Vers la fin de novembre, on put se convaincre combien il avait été heureux que le Lycée n'eût pas été converti en ambulance, comme quelques citoyens imprudents l'avaient proposé. Nous évitâmes ainsi l'installation d'une grande quantité de malades prussiens dont le séjour eut duré jusqu'à l'évacuation, comme à Chaumont.

Toutes les ambulances furent vidées fin novembre, décembre et au commencement de janvier : la Trinité Saint-Jacques, le 17 décembre; la maison de Mme Deheurle, le 28 novembre; la maison Quinquarlet, le 13 janvier 1871. L'hôpital fut débarrassé principalement par la mort, et la succursale du Cloître-Saint-Etienne, confiée aux soins de M. le docteur Bacquias, recueillit les quelques convalescents échappés au désastre.

Noël arriva. Un blanc linceul couvrait le sol. Sous ce suaire, combien de valeureux enfants de la France ensevelis ! Il me fallut voir de mes fenêtres une brillante illumination à la caserne de gendarmerie. Je tremblais d'apprendre la nouvelle d'un nouveau malheur pour nous. Mais non, nos ennemis fêtaient Noël, la grande et touchante fête de tous les pays chrétiens. Parmi eux, il s'en trouvait certainement plus d'un détestant la politique impitoyable qui les condamnait à célébrer Noël loin de leur pays, loin de leurs femmes et de leurs enfants.

Le canon du siége grondait toujours; l'épidémie continuait à moissonner.

Les décès, bien qu'ayant diminué, sont encore nombreux en décembre. Ainsi on en compte 26 de variole et 61 de fièvre typhoïde, — plus 54 reconnaissant pour cause la caducité, la misère, et la débilité native. Le nombre total des décès militaires à l'Hôtel-Dieu, de juillet à décembre, s'élève à 64. Si l'on y comprend trois soldats qui ont succombé en janvier, on arrive au chiffre de 67 sur 830 entrées. C'est presque un douzième. Il faudrait ajouter à ce chiffre celui de quelques décès de mobiles qui eurent lieu en ville, dans des maisons particulières où ils avaient été recueillis.

IV

Janvier 1871. — Pas de visites, pas de relations de famille, pas d'étrennes. Ah ! triste jour dont les enfants se souviendront. — Ce mois devait voir la fin de la lutte héroïque de Paris et notre défaite définitive.

Depuis la déclaration de guerre en juillet, plus de commerce, pas de travail pour les ouvriers, pas d'argent ; — la ville obligée de créer du papier-monnaie, précieuse ressource qui prévint bien des sinistres ; — les ouvriers occupés dans les chantiers municipaux aux frais de la cité, ne travaillant guère, hélas ! et ayant occasionné une dépense d'environ 800.000 francs ; — dans la banlieue, le pillage organisé, les bois ravagés, nos promenades mutilées ; — au Conseil municipal, des citoyens dévoués, remplissant une tâche des plus pénibles, à chaque instant menacés par les Prussiens ; — un maire et une Commission municipale accablés de réquisitions toutes onéreuses, quelques-unes incroyables, grotesques même (par exemple, la réquisition de pétrole et de torches pour incendier la ville en cas de besoin) ; — les impôts exigés au quadruple ; — des menaces d'exécution qu'une trop faible minorité conseille en vain de braver ; — pour comble, un redoublement de nouvelles désespérantes ; — la fortune de la France sombrant dans un immense effondrement ; — la douleur dans nos cœurs, la joie sur le visage de nos ennemis. — Tels sont les principaux traits qui caractérisent l'invasion et l'occupation pendant l'hiver de 1870-1871.

Le 28 janvier, nouvelle de la capitulation de Paris. Personne ne voulait le croire.

> Quand d'erreur on nous tira,
> La douleur fut bien amère,
> Fut bien amère...

Pendant ce fatal mois, le chiffre des décès typhiques descend à 30, celui des varioleux à 10. Les phthisiques reparaissent. On compte 18 décès causés par cette maladie, plus une trentaine de décès par cause de débilité native ou de caducité. La pneumonie donne 10 décès. Si l'on ajoute vingt autres causés par le catarrhe pulmonaire, on a une trentaine de cas de décès pour les maladies de poitrine.

En février, on ne trouve plus que 9 décès de fièvre typhoïde, 7 de variole, 15 de phthisie, 7 de pneumonie; — en mars, 9 de fièvre typhoïde, 7 de variole, 11 de phthisie, 40 de misère, débilité native et caducité, 7 de pneumonie. (Je ne note que les maladies principales.)

En avril, les chiffres ne varient guère; je ne m'y arrête pas.

En mai et juin, la variole et la fièvre typhoïde déclinent, les phthisiques sont toujours nombreux; les décès par épuisement ne diminuent pas. La variole continue jusqu'à la fin de l'année 1871, mais dans de moindres proportions.

Je n'ai pas décrit d'une manière spéciale les affections chirurgicales observées en 1870-1871, qui ont été le résultat d'un fait de guerre. Elles ont été peu nombreuses. Un mobile reçut une balle dans la cuisse sur le trottoir de la rue Passerat, par la maladresse d'un de ses camarades. La balle avait contourné le fémur gauche, sans léser l'artère crurale; le blessé guérit. Plusieurs coups de feu venant des Prussiens furent observés (j'en ai parlé plus haut). Un malheureux citoyen, ayant à peine dépassé 30 ans, père de famille, doux et inoffensif, fut atteint un soir, à onze heures, d'une balle prussienne qui fit une plaie pénétrant à la fois dans la cavité thoracique et dans la cavité abdominale. Cette plaie était béante et hideuse à voir. On apporta le malheureux à l'Hôpital, dans la salle de consultation de chirurgie. Aux deux coups de feu que j'entendis, j'accourus immédiatement, et je trouvai le blessé environné de 8 à 10 Prussiens... Monté dans la salle, il expira en pleine connaissance trois quarts d'heure après. — J'ai parlé de plusieurs coups de sabre et d'autres violences; je n'y reviens pas.

Les Prussiens eurent un suicide par submersion, et une fracture de cuisse traitée à l'Hôpital par leurs médecins, qui appliquèrent immédiatement un appareil plâtré. Le blessé quitta l'hôpital avant sa guérison, lors du départ de ses camarades, le 12 août.

Les suicides furent très-rares. De juillet à décembre 1870, on n'en compte que deux. Je ne note pas les décès dus à des affections organiques : il n'y a rien de spécial à cet égard.

Un fait digne de remarque, c'est que l'hospice des vieillards et des orphelins dont je suis chargé, et l'hospice des orphelines dont M. le docteur Bacquias est le médecin, traversèrent cette crise presque sans malades. L'état sanitaire y fut même meilleur que pendant les hivers précédents. Ceci témoigne éloquemment en faveur des soins dont sont l'objet les pensionnaires de ces établissements. Et pourtant que de choses à dire sur l'hospice Saint-Nicolas, sur l'étroitesse de ses dortoirs, l'infection de ses lieux d'aisances, l'insuffisance de ses cours, etc.! L'hospice des orphelines est dans des conditions infiniment meilleures.

V

Si nous voulons résumer par des chiffres le nombre des décès observés en 1870 avec comparaison de ceux des années 1869, 1871, et de la moyenne par année de 1921 à 1870, nous trouvons les chiffres suivants :

Moyenne par année................ 809
Décès en 1869.................... 1,046
  — en 1870.................... 1,659
Décès en 1871 (y compris les enfants
     morts-nés)................. 1,189

Ces chiffres sont aussi exacts qu'il m'a été possible de me les procurer.

Si nous prenons les deux maladies épidémiques, la fièvre typhoïde et la variole, nous trouvons pour la variole, en 1870, 133 décès, dont 111 sont fournis par les mois d'octobre, novembre et décembre ; — pour la fièvre typhoïde, 299 décès, dont 274 sont fournis par les mêmes mois.

On voit donc que le grand nombre de décès, en 1870, a été fourni surtout par les trois derniers mois. D'après les renseignements que m'a donnés avec une grande obligeance M. Cousin, chef de bureau de l'état civil, même dans les épidémies de choléra, on n'avait point observé une si forte mortalité.

Il est évident que cette grande quantité de décès indique un nombre considérable de malades. En supposant un chiffre exagéré, — que la fièvre typhoïde ait enlevé 20 pour 100 des malades, et la variole 30 pour 100, on arrive au total de près de 500 malades rien que pour ces deux maladies. Si l'on y ajoute toute la série des autres, il est certain qu'il y a eu à Troyes, au moment indiqué, environ

2,000 malades. Ce chiffre est plutôt au-dessous qu'au-dessus de la vérité. Il y aurait à faire le compte des indispositions nombreuses qu'on observe dans toute épidémie.

VI

Pour compléter les documents qui précèdent, il est nécessaire de dire deux mots des naissances et des mariages, pendant la période de temps dont je m'occupe.

La moyenne des naissances, de 1821 à 1870 inclusivement, est de 795, dont 47 enfants naturels.

Je n'ai pu savoir exactement celle des mariages.

En 1869, on compte	277	mariages
En 1870, —	164	»
En 1871, —	264	»

De 23 mariages en juillet 1870, on tombe à 8 en août, 2 en septembre, 11 en octobre, 0 en novembre, 1 en décembre. Après février 1871, le chiffre ordinaire reparaît. On voit, par ces détails, quelle a été la funeste influence de la guerre sur le mouvement de la population. Pour que celle-ci augmente, il faudra bien des années.

... Vitio parentum
Rara juventus.

Aussitôt l'invasion commencée, c'est-à-dire à partir des premiers jours de novembre, plus de mariages. A peine la paix est elle signée que les choses reprennent leur cours ordinaire, et l'on a pu remarquer que les mariages ont été très-nombreux en 1871 et 1872.

VII

C'est le 4 mars qu'on reçut à Troyes la nouvelle de la signature des préliminaires d'une paix désastreuse, mais devenue indispensable. Il était temps ! Les exigences du préfet prussien, baron de Stein, étaient plus vexatoires que jamais. Au moment où la nouvelle nous parvenait, celui-ci s'empressait de réclamer des impôts dont le nouvel état de choses nous dispensait forcément. Le calme revint dans la ville encore occupée, et si les regards étaient attristés par le spectacle des étrangers se livrant aux exercices militaires, sur nos places et dans nos rues, au moins on commençait à entrevoir la fin d'épreuves que nos pères avaient connues peut-être moins dures, cinquante ans auparavant. Le travail commença à reprendre, les malades devinrent moins nombreux. On respirait un peu... lorsque, le 18 mars, la guerre civile vint mettre le comble à nos malheurs. Enfin, une abominable insurrection fut écrasée et l'occupation prussienne à Troyes, prolongée par l'émeute de Paris, put enfin cesser à notre grande joie. C'était par une belle matinée, le samedi 12 août. En voyant défiler, entre deux rangs de drapeaux tricolores arborés aux fenêtres, ces casques à pointe luisant au soleil, j'étais tenté de m'écrier, comme Henri IV s'adressant aux Espagnols : Bon voyage, Messieurs, mais n'y revenez plus !

Extrait des Mémoires de la Société Académique de l'Aube, tome XXXVI. — 1872.